AF220076

Impressum
Verlag: BABADADA GmbH, Nedderfeld 112 , 22529 Hamburg
Geschäftsführer / Verlagsleitung: Harald Hof
Druck: Books on Demand GmbH, In de Tarpen 42, 22848 Norderstedt

Imprint
Publisher: BABADADA GmbH, Nedderfeld 112 , 22529 Hamburg, Germany
Managing Director / Publishing direction: Harald Hof
Print: Books on Demand GmbH, In de Tarpen 42, 22848 Norderstedt, Germany

dugsi

ትምህርት ቤት

qeybi
ማካፈል
fasal
መማሪያ ክፍል
sabuurad
ሰሌዳ
macallin
መምህር
warqad
ወረቀት
qorraxeed
መፃፍ
qalin
እስክሪብቶ
miis
መፃፊያ ጠረጴዛ
mastarad
ማስመሪያ
buug
መጽሐፍ
arday
ተማሪ

boorso
የጀርባ ቦርሳ

kiis qalin-qori
የእርሳስ መያዣ

qalin-qori
እርሳስ

koobka qalin qor
የእርሳስ መቅረጫ

titirre
ላጲስ

buugga sawirka
የስዕል ደብተር

sawirid

ስዕል

burushka midabaynta

የቀለም ብሩሽ

gasaca midabaynta

የቀለም ሳጥን

maqasyo

መቀስ

koollo

ማጣበቂያ

buug qoraal

መልመጃ ደብተር

shaqo-guri

የቤት ስራ

lambar

ቁጥር

ku dar

መደመር

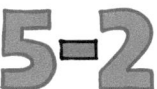

ka jar

መቀነስ

ku dhufo

ማባዛት

xisaabi

ቁጥሮችን ማስላት

warqad

ደብዳቤ

alifbeeto

ፊደላት

erey

ቃል

qoraal

ፅሑፍ

akhri

ማንበብ

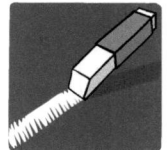

jeesto

ጠመኔ

cahsar

ትምህርት

diiwaan

ምዝገባ

imtixaan

ፈተና

shahaado

ሰርተፊኬት

direes dugsi

የትምህርት ቤት የደንብ ልብስ

waxbarasho

ትምህርት

diwaan mowduuceed

አዉደ ጥበብ

jaamacad

ዩኒቨርስቲ

mayskariskoob

የምርምር አጉሊ መሳርያ

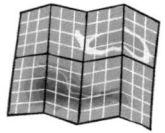

khariidad

ካርታ

haan qashin-gur

የቆሻሻ ወረቀት መጣያ ቅርጫት

hoteel
ሆቴል
hoteel jiif-cunto
ማረፊያ ቤት
xafiiska sarrifaka lacagaha
የውጭ ገንዘብ ምንዛሪ ቢሮ
shandad-dhar
ልብስ መያዣ ሻንጣ
baabuur
መኪና

luuqad

ቋንቋ

haa / maya

አዎ/ አይደለም

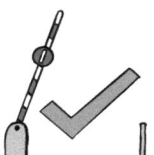

Hagaag

እሺ

nabad miyaa

ሰላም

turjumaan

አስተርጓሚ

Waad mahadsan tahay

አመሰግናለሁ

waa immisa...?

ስንት ነዉ.......?

ma aanan fahamin

አልገባኝም

dhibaato

እክል

galab wanaagsan!

እንደምን አመሹ!

subax wanaagsan!

እንደምን አደሩ!

habeen wanaagsan!

መልካም ምሽት!

nabad gelyo

ደህና ይሰንብቱ

jiho

አቅጣጫ

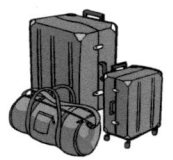

alaabo

ሻንጣ

boorso

ቦርሳ

boorso-dhabar

የጀርባ ቦርሳ

marti

እንግዳ

qol

ክፍል

katiifad

የመተኛ ቦርሳ

teendho

ድንኳን

xog dalxiis

የጎብኚዎች መረጃ

xeebta

የባህር ዳርቻ

kaar amaah

ክሬዲት ካርድ

quraac

ቁርስ

qado

ምሳ

casho

እራት

rasiid

ቲኬት

wiish

አሳንሰር

tiimbare

ማህተም

xuduud

ድንበር

qeybta-canshuur-bixinta

ባህሎች

safaarad

ኤምባሲ

dal ku gal

ቪዛ/የይለፍ ወረቀት

baasaboor

ፓስፖርት

gaadiid

መጓጓዣ

dayaarad
አዉሮፕላን
markab
መርከብ
matoor
የእሳት አደጋ
መኪና
bas
አዉቶብስ
gaari xamuul ah
የጭነት መኪና
doon-matooreey
የሞተር ጀልባ
mooto
ብስክሌት
baabuur
መኪና

doon

የማመላለሻ ጀልባ

doonnida

ጀልባ

mooto

የሞተር ብስክሌት

baabuur booliis

የፖሊስ መኪና

baabuur baratan

የዉድድር መኪና

baabuur la-kiraysto

የኪራይ መኪና

gaadiid-wadaag

የመኪና መጋራት

wiishle

ጎታች መኪና

gaari qashin-gure

የቆሻሻ ጭነት መኪና

matoor

ሞተር

shidaal

ነዳጅ

ajib

የቤንዚን ማደያ

calaamad taraafiko

የመንገድ ምልክት

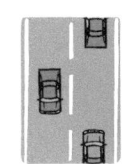

taraafiko

የመኪኖች እንቅስቃሴ

jaam baabuur

የመኪና መጨናነቅ

baarkin-baabuur

የመኪና ማቆሚያ

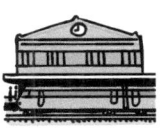

boosteejo tareen

የባቡር ጣቢያ

waddo-tareen

የባቡር ሀዲዶች

tareen

ባቡር

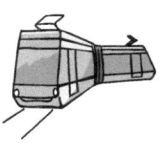

taraam

የኤሌክትሪክ ባቡር

gaari faras

ሰረገላ

helikobtar

ሄሊኮፕተር

garoonka dayuuradaha

አየር ማረፊያ

manaarad

ማማ

rakaab

መንገደኛ

weel

ማስቀመጫ፤ ማጠራቀሚያ

kartoon

ካርቶን እቃ ማሸጊያ

gaari faras

ጋሪ፤ ተሳቢ

dambiil

ቅርጫት

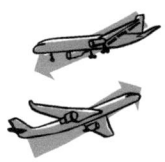

kicid / degis

መነሳት/ ማረፍ

magaalo

ከተማ

tuulo

መንደር

faras magaale

የከተማ ማዕከል

guri

ቤት

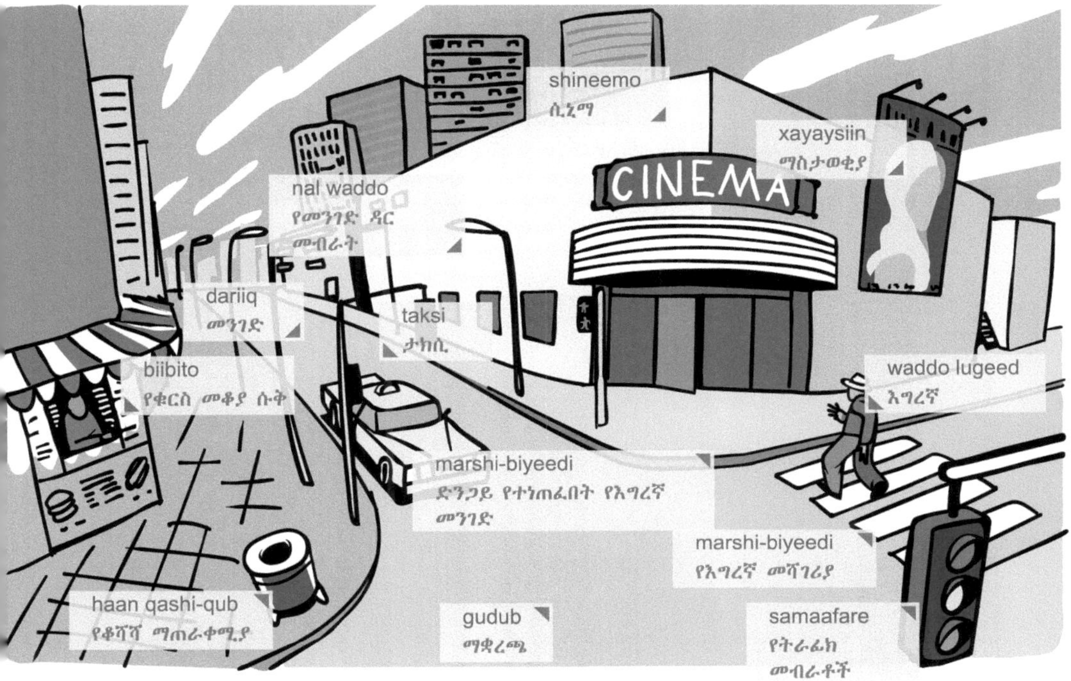

shineemo
ሲኒማ
xayaysiin
ማስታወቂያ
CINEMA
nal waddo
የመንገድ ዳር መብራት
dariiq
መንገድ
taksi
ታክሲ
biibito
የቁርስ መቆያ ሱቅ
waddo lugeed
እግረኛ
marshi-biyeedi
ድንጋይ የተነጠፈበት የእግረኛ መንገድ
marshi-biyeedi
የእግረኛ መሻገሪያ
haan qashi-qub
የቆሻሻ ማጠራቀሚያ
gudub
ማቋረጫ
samaafare
የትራፊክ መብራቶች

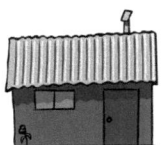

mundul

ጎጆ

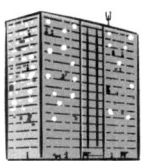

dabaq

አፓርታማ

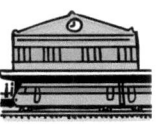

boosteejo tareen

የባቡር ጣቢያ

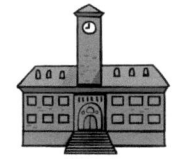

xarunta dowladda-hoose

የከተማ አዳራሽ

MUSEUM

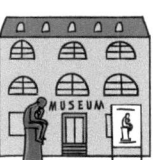

matxaf

ቤተ መዘክር

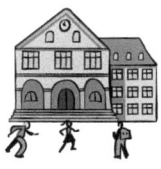

dugsi

ትምህርት ቤት

jaamacad

ዩኒቨርስቲ

bangi

ባንክ

isbitaal

ሆስፒታል

hoteel

ሆቴል

farmasi

መድሐኒት ቤት

xafiis

ቢሮ

buug shoob

መፅሐፍ መሸጫ

dukaan

ሱቅ

dukaan ubax

የአበባ መሸጫ

carwo

የሸቀጣ ሸቀጥ መደብር

suuq

ገበያ ስፍራ

suuq weyne

መደብር

kalluun-iibshe

የዓሳ ነጋዴ

suuq

የገበያ ማዕከል

furdo

ወደብ

jardiino

መናፈሻ ቦታ

kursi

አግዳሚ ወንበር

buundo

ድልድይ

jaraanjaro

ደረጃዎች

waddo-tareen-hoosaad

ዉስጥ ለዉስጥ

waddo-dhul hoose

ዋሻ

boosteejo

የአዉቶቡስ ፌርማታ

baar

ባር

makhaayad

ምግብ ቤት

sanduuq boosto

የፖስታ ሳጥን

calaamad waddo

የመንገድ ምልክት

joogid-cabbire

የመኪና ማቆሚያ ሒሳብ የሚያሰላ
ማሽን

beer-xayawaan

የደር እንስሳት ማቆያ

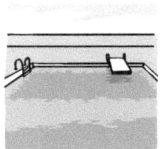

barkad dabbaalasho

የመዋኛ ገንዳ

masaajid

መስጊድ

beer

እርሻ

naqas

የሚበክል ነገር

qabuuro

መቃብር ስፍራ

kaniisad

ቤተ ክርስቲያን

garoon

መጫወቻ ሜዳ

macbad

ቤተ መቅደስ

muqaal-dhireed
መልከዓምድር

caleen
ቅጠል

calaamad-waddo
የመንገድ ላይ ምልክት

waddo
መንገድ

seere
አረንጓዴ መስክ

dhagax
ድንጋይ

geed
ዛፍ

buur korre
በእግሩ የሚጓዝ

webi
ወንዝ

caws
ሳር

ubax
አበባ

dooxo

ሸለቆ

buur

ኮረብታ

laag

ሀይቅ

kayn

ጫካ

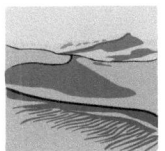

saxare

በረሃ

foolkaano

እሳተ ገሞራ

qasri

ግምብ

qaanso-roobaad

ቀስተ ዳመና

barkin-waraabe

እንጉዳይ

geed timireed

የቴምብር ዛፍ/ ዘንባባ

kaneeco

ቢንቢ/ የወባ ትንኝ

duqsi

በራሪ

qoraanjo

ጉንዳን

shinni

ንብ

caaro

ሸረሪት

dameer-duudeey

ጢንዚዛ

rah

እንቁራሪት

dabagaalle

ሽኮኮ

kashiito

ጃርት

dabagaalle

ጥንቸል

guumeys

ጉጉት ወፍ

shimbir

ወፍ

boolo-boolo

የዉሃ ዳክዬ

doofaar-jilibeey

ከርከሮ

deero

አጋዘን

faras-duur

አጋዘን

biyo-xireen

ግድብ

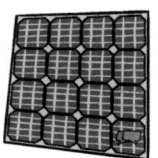

tamar-dhaliye

በነፋስ የሚሽከረከር

soollar

የፀሀይ ፓኔሎ

cimilo

አየር ንብረት

kabalyeeri
አስተናጋጅ

warqad qiimo
ማዉጫ

kursi
ወንበር

maraq
ሾርባ

biise
ፒዛ

alaab
መክተፊያ

maro-miis
የጠረጴዛ ጨርቅ

af-billow

የምግብ ፍላጎትን የሚከፍት ምግብ

cunto bariimo

ዋና ምግብ

macmacaan

ማጣጣሚያ ተከታይ ምግብ

cabitaan

መጠጦች

cunto

ምግብ

dhalo

ጠርሙስ

cunto diyaarsan

ፈጣን ምግብ

cunto-waddo

የመንገድ ምግብ

jalmad shaah

የሻይ ማንቆርቆሪያ

weelka sonkorta

የስኳር እቃ

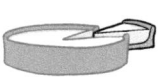

qayb

ድርሻ

mashiinka isbareesada

የቡና ማፊያ ማሽን

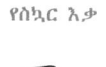

kursi dheer

ባለጌ ወንበር

biil

የክፍያ ደረሰኝ

tereey

ትሪ

mindi

ቢላዋ

fargeeto

ሹካ

qaaddo

ማንኪያ

malqacad-shaah

የሻይ ማንኪያ

shukumaan miis

ልብስ ምግብ እንዳይነካ የሚረዳ ጨርቅ

galaas

ብርጭቆ

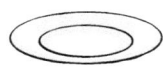

saxan

ዝርግ ሰሀን

saxanka maraqa

የሾርባ ጎድጓዳ ሰሀን

saxan

የስኒ ማስቀመጫ

suugo

ማጣፈጫ ስጎ

weelka cusbada

የጨው እቃ

basbaas shiide

የተፈጨ ቃሪያ

fixiye

ኮምጣጤ

saliid

የምግብ ዘይት

dhandhanaan

ቀመማ ቅመሞች

suugo

የቲማቲም ድልህ

mastaard

ሰናፍጭ

mayoonees

ማዮኒዝ

የሽቀጣ ሽቀጥ መደብር

qiima dhimis qaas ah
ልዩ አቅራቦት

macmiil
ደምበኛ

caano
የወተት ተዋፅዖ

FOR

miro
ፍራፍሬ

gaariga adeega
ባለ ጎማ የእጅ ጋሪ

kawaan

ሉካንዳ ነጋዴ

foorno

መጋገሪያ

cabbir

ክብደት መመዘን

khudaar

ቅጠላ ቅጠል አትክልት

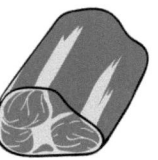

hilib

ስጋ

cunto la qaboojiyay

የቀዘቀዘ/የረጋ ምግብ

hilibka qadada

ቀዝቃዛ ቁራጭ

cunto gasacadeysan

የታሸገ ምግብ

oomo

የማጠቢያ ዱቄት

macmacaan

ጣፋጮች

alaabada guri

የቤት ዉስጥ ዉጤቶች

alaabo nadaafad

የፅዳት ምርቶች

iibshe

የሽያጭ ባለሙያ

diiwaan lacagta

የገንዘብ መመዝቢያ ማሽን

qasnaji

የሒሳብ ሰራተኛ

liis adeeg

የግዢ ዝርዝር

saacadaha shaqo

ክፍት ሰዓታት

shandada jeebka

የኪስ ቦርሳ

kaar amaah

ክሬዲት ካርድ

bac

ቦርሳ

bac

የፕላስቲክ ቦርሳ

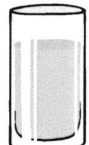

cabitaan

መጠጦች

biyo

ውሃ

casiir

ጭማቂ

caano

ወተት

kooka-kola

ኮካ-ኮላ

khamri

ወይን

biir

ቢራ

khamri

አልኮል

kooke

ኮካ

shaah

ሻይ

kafee

ቡና

isberesso

የተፈላ ቡና

koobishiin

ካፕቺኖ

cunto

ምግብ

muus

ሙዝ

tufaax

ፖም

liin-bambeelmo

ብርቱካን

qare

ሀብሀብ

liin

ሎሚ

karooto

ካሮት

toon

ነጭ ሽንኩርት

baambuu

ሽምበቆ

basal

ቀይ ሽንኩርት

barkin-waraabe

እንጉዳይ

loos

ለዉዝ

baasto

የህፃናት ምግብ

baasto

ፓስታ

bariis

ሩዝ

salar

ሰላጣ

jibsi

የድንች ጥብስ

baradho shiilan

ድንች ጥብስ

biise

ፒዛ

haambeegar

ዳቦ ዉስጥ በስሱ ተጠብሶ የገባ ስ,ጋ

saanwij

ሳንድዊች

hilib-jiir

ጥሬ ስጋ

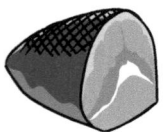

hilib-doofaar

የአሳማ ስ,ጋ

salami

በቅመምና በጨዉ የታሸ ምግብ
ቀዝቅዞ የሚበላ ሾርባ ምግብ

sooseej

ቋሊማ

hilib-digaag

ዶሮ

duban

ጥብስ

kalluun

አሳ

sareenta mashaarida

የአጃ ገንፎ

quraac isku-dhafan

ከወተት ጋር ተደባልቀዉ የሚበሉ ምግቦች

daango

የበቆሎ ቅርፊት

bur

ዱቄት

nooc rooti ah

ኩራሳ

rooti

ድብልብል ዳቦ

rooti

ዳቦ

rooti-la-kulluleeyey

መጥበስ

buskud

ብስኩት

subag

ቅቤ

hanti

እርጎ

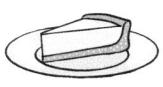

doolsho

ኬክ

ukun

እንቁላል

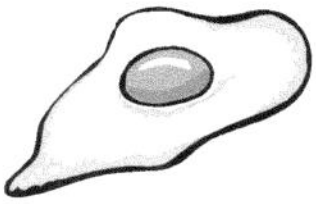

ukun shiilan

እንቁላል ጥብስ

burcad

አይብ

jalaato

የበረዶ ክሬም

sonkor

ስኳር

malab

ማር

malmalaado

ማርማላት

labeen macmacaan

የተናጠ የወተት ክሬም

suugo

ማጣፈጫ

beer

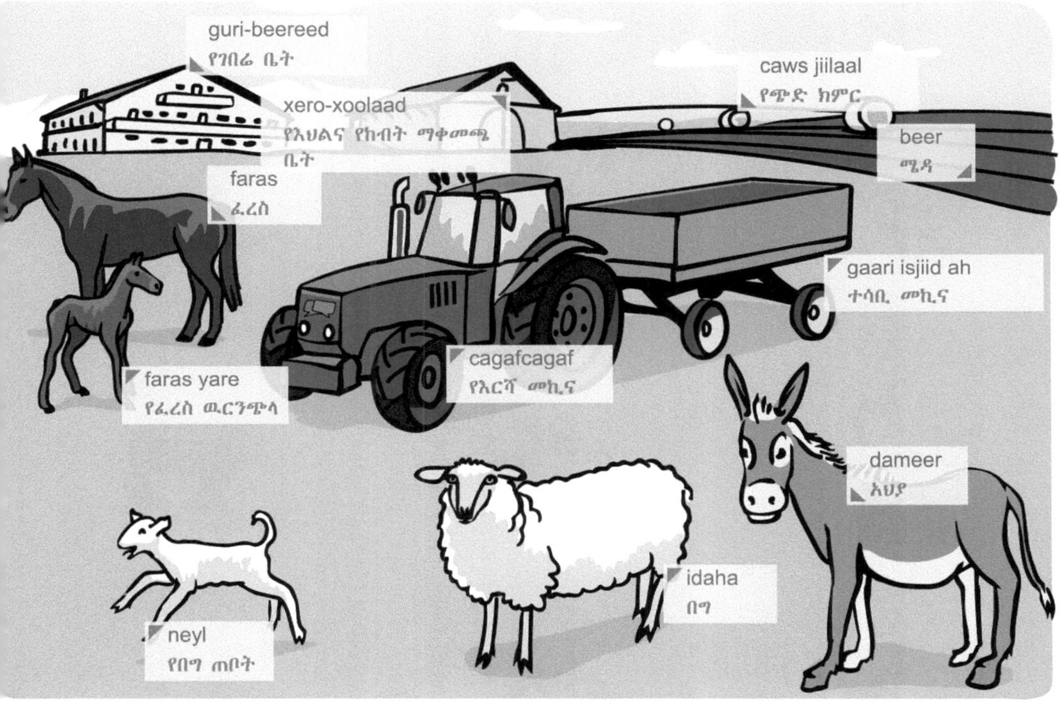

guri-beereed
የገበሬ ቤት
xero-xoolaad
የእህልና የከብት ማቀመጫ ቤት
caws jiilaal
beer
ሜዳ
faras
ፈረስ
gaari isjiid ah
ተሳቢ መኪና
cagafcagaf
የእርሻ መኪና
faras yare
የፈረስ ዉርንጭላ
dameer
አህያ
idaha
በግ
neyl
የበግ ጠቦት

ri'

ፍየል

sac

ላም

weyl

ጥጃ

doofaar

አሳማ

dhal doofaar

ግልገል አሳማ

dibi

ኮርማ

beer - እርሻ

bawaato lab

ዝይ

bawaato

ዳክዬ

jiijiile

የዶሮ ጫጩት

digaag

ዶር

diiq

አዉራ ዶሮ

doolli

አይጥ

bisad

ደድመት

jiir

አይጥ

dibi

በሬ

eey

ዉሻ

hoyga eeyga

የዉሻ ቤት

tuubbo waraab

የአትክልት ቦታ

sakeelka waraabinta

ዉሃ ማጠጫ ባልዲ

gudin

ረጅም ማጭድ

carro-roge

ማረሻ

gudin

ማጭድ

yaambo

መኮትኮቻ

fargeeto caws-beereed

የእህል መንሽ

faas

መጥረቢያ

gaari -gacan

ኩርኩር/ የእጅ ጋሪ

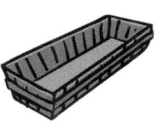

dar

ገንዳ

dhalada caanaha

የወተት ዕቃ

jawaan

ጆንያ ከረጢት

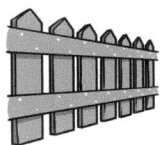

deer

አጥር

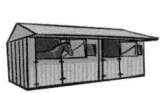

xero xooleed

የፈረስ ጋጣ

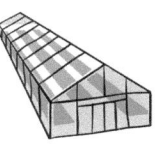

gur-biqlin-dhireed

ዕፅዋት ማሳደጊያ የመስታዉት ቤት

ciidda

አፈር

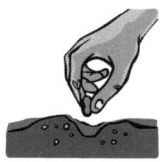

abuuka

ዘር

bacrimiye

የመሬት ማዳበሪያ

cagafta beer-goynta

ጥምር ማረሻ

beer-goyn

አዝመራ መሰብሰብ

beer-gooyn

አዝመራ

moxog

ድንች

sarreen

ስንዴ

soya

ሶያ

baradho

ድንች

galley

በቆሎ

geed-saliideed

የከብት መኖ

geed mirood

የፍሬ ዛፍ

moxog

የካሳቫ ዛፍ

firiley

እህል

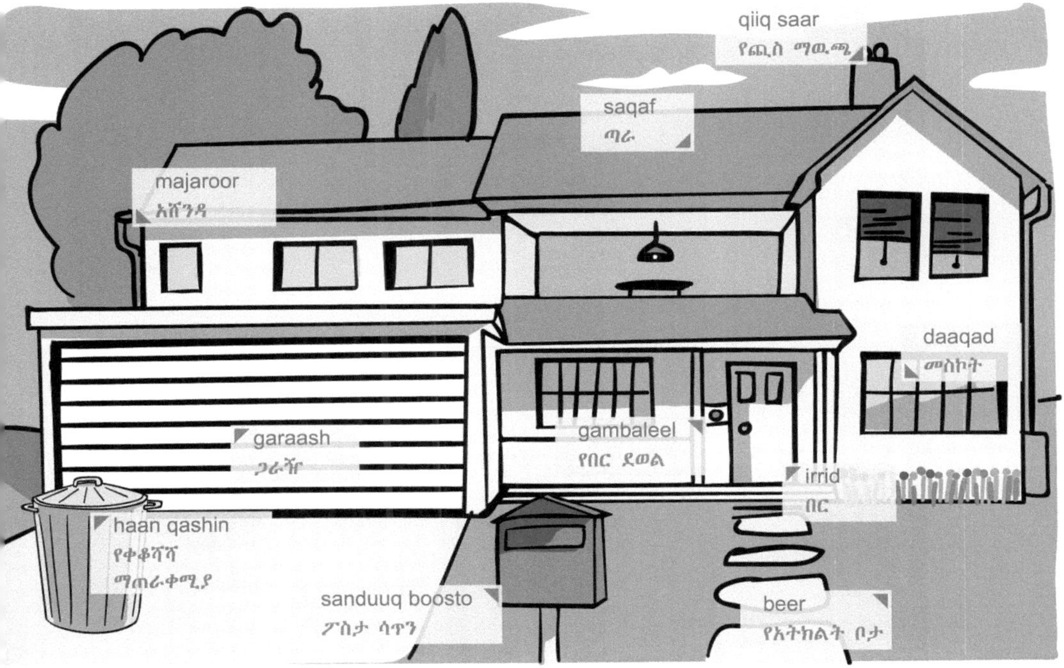

qiiq saar
የጪስ ማዉጫ

saqaf
ጣራ

majaroor
አሽንዳ

daaqad
መስኮት

garaash
ጋራዥ

gambaleel
የበር ደወል

irrid
በር

haan qashin
የቀቆሻሻ
ማጠራቀሚያ

sanduuq boosto
ፖስታ ሳጥን

beer
የአትክልት ቦታ

qol jiib
ሳሎን

musqul-qubeys
መታጠቢያ ቤት

jiko
ማድቤት

qolka jiifka
መኝታ ቤት

qolka ilmaha
የልጅ ክፍል

qolka cuntada
መመገቢያ ክፍል

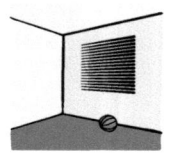

sagxad

ወለል

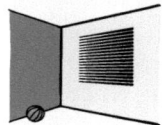

derbi

ግድግዳ

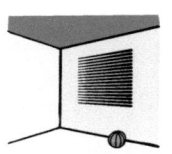

saqaf

ጣሪያ

makhaasiin

ምድር ቤት

soona

በእንፋሎት ሙቀት መታጠቢያ ቤት

balakoon

ሰገነት

daarad

ከፍ ያለ መደብ

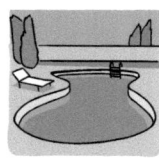

barkad

የመዋኛ ገንዳ

caws-jare

የማጨጃ መኪና

buste

አንሶላ

go'

የአልጋ ልብስ

sariir

አልጋ

xaaqin

መጥረጊያ

baaldi

ባልዲ

daare-damiye

ማብሪያና ማጥፊያ

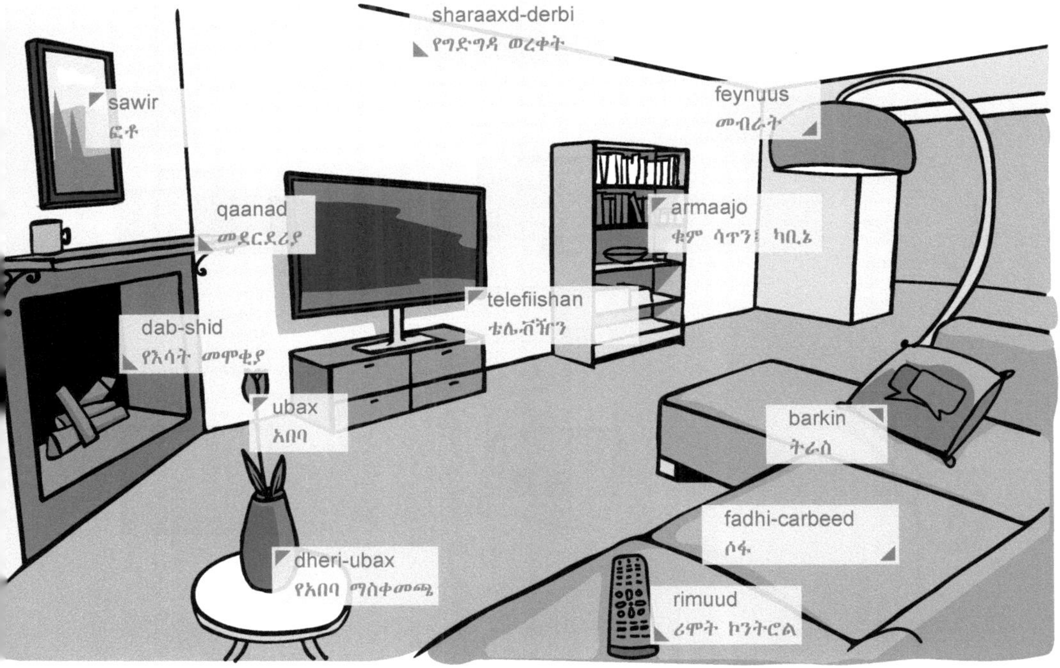

sharaaxd-derbi
የግድግዳ ወረቀት

sawir
ፎቶ

feynuus
መብራት

qaanad
መደርደሪያ

armaajo
ቁም ሳጥን፤ ካቢኔ

dab-shid
የእሳት መሞቂያ

telefiishan
ቴሌቪዥን

ubax
አበባ

barkin
ትራስ

fadhi-carbeed
ሶፋ

dheri-ubax
የአበባ ማስቀመጫ

rimuud
ሪሞት ኮንትሮል

roog

ንጣፍ

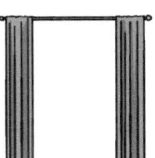

daah

መጋረጃ

miis

ጠረጴዛ

kursi

ወንበር

kursi wareega

ተወዛዋዥ ወንበር

kursi fadhi

ባለመደገፊያ ወንበር

buug

መጽሐፍ

buste

ብርድ ልብስ

qurxin

ጌጥ

xaabo

ማገዶ

filin

ፊልም

cod-baahiye

የሙዚቃ መጫወቻ

fure

ቁልፍ

wargeys

ጋዜጣ

rinjiyeyn

ስዕል

tabeelo

የተለጠፈ ማስታወቂያ እንደ ስዕል

raadiye

ራዲዮ

xusuus-qor

ማስታወሻ ደብተር

huufar

የአየር ማፅጃ ለምንጣፍ

tiitiin

ቁልቋል

shumac

ሻማ

jiko

ማድቤት

qaboojiye
ማቀዝቀዣ
kululeeyso
ማይክሮዌቭ ምግብ ማብሰያ
miisaan-yaraha jikada
የኩሽና መመዘኛ ሚዛን
rooti-kululeeye
ዳቦ መጥበሻ
oomo
ንፁህ ማድረጊያ
burjiko
ምድጃ
qaboojiye
ማቀዝቀዣ
haan qashin
የቆሻሻ ማጠራቀሚያ
maacuun-dhaqe
እቃ ማጠቢያ

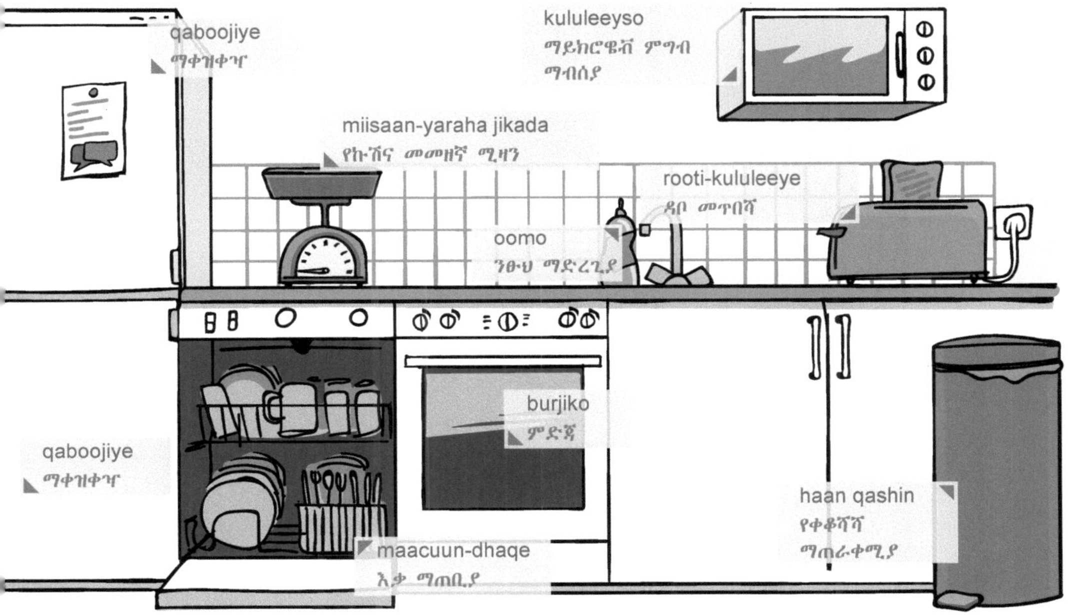

kuuker

ምግብ አብሳይ

dheri

ማሰሮ

birtaawo

የብረት ማሰሮ

birtaawo

ምግብ ማብሰያ ዝርግ ድስት

birtaawo

የምግብ መጥበሻ

kirli

ማንቆርቆሪያ

uumiye

የእንፋሎት ማብሰያ

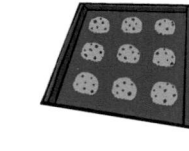

saxaarad dubista

የመጋገሪያ ትሪ

maacuun

ሰብስቦች

bakeeri

ትልቅ ኩባያ

baaquli

ጎድጓዳ ሳህን

qoryo wax lagu cuno

ቾፕስቲክስ

malqacad

ጭልፋ

qaado

መሰቅሰቂያ ዝርግ ማንኪያ

folow

ማደባለቂያ

miire

መወጠሪያ

shashaq

ወንፊት

qudaar-jare

መፈርፈሪያ መሳሪያ

mooye

ሲሚንቶ

hilib-sol

የፍም ጥብስ

dab

የተለቀቀ እሳት

alwaaxa wax-jar-jarka

መክተፊያ

ul jabaati

ተንሸራታች መርፌ

guf-saare

የጠርሙስ መክፈቻ

gasac

ጣሳ

gasac-fure

የጣሳ መክፈቻ

istaraasho-jiko

የማሰሮ መሸፈኛ

saxanka-alaab-dhaqa

ሳህን ማጠቢያ

caday

ብሩሽ

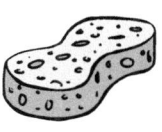

isbuunyo

ስፖንጅ

shiide

መደባለቂያ መሳሪያ

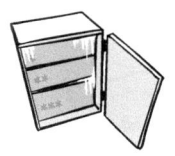

qaabojin qoto-dheer

በጣም ማቀዝቀዣ

masaasad

ጡጦ

tuubbo

ቧንቧ

musqul-qubeys

መታጠቢያ ቤት

qubeys
መታጠቢያ
shukumaan
ፎጣ
daaha qubeyska
የመታጠቢያ ቤት መጋረጃ
xumbo qubeys
የአረፋ መታጠቢያ
tuubbo qubeys
የመታጠቢያ ገንዳ
galaas
ብርጭቆ
qasaalad
የልብስ ማጠቢያ
tuubbo
ቧንቧ
mar-mar
ማዕዘን ወለል
tuunji
saxanka-alaab-dhaqa
ሳህን ማጠቢያ

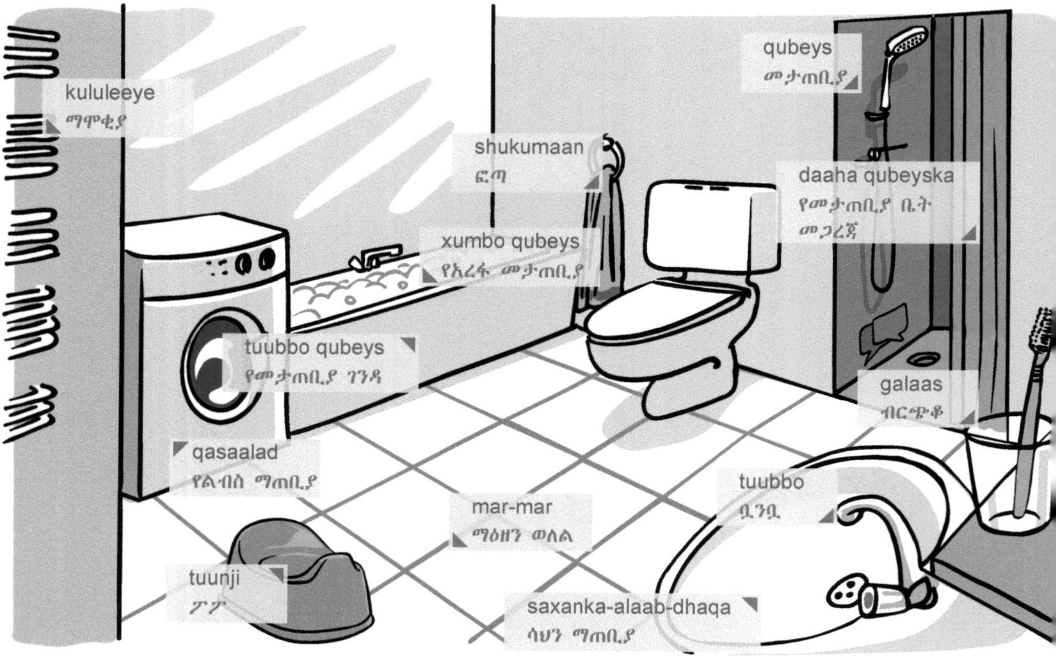

musqul

ሽንት ቤት

musqusha fadhiga

የሽንት ቤት መቀመጫ

siin

ሳፋ

weel kaadi

የመንገድ ዳር መሽኛ

tiish musqul

የሽንት ቤት ወረቀት

burushka musqusha

የሽንት ቤት ማፅጃ ብሩሽ

caday

የጥርስ ብሩሽ

daawo caday

የጥርስ ሳሙና

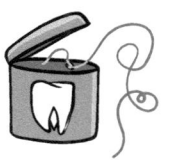

dunta ilka farashada

የጥርስ ማፅጃ ክር

dhaq

መታጠብ

gacan qubeys

የእጅ መታጠቢያ

tuubo-musqul

መታጠቢያ

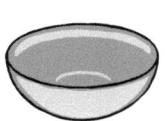

beeshin

ጎድጓዳ ሳህን

burush-qubeys

የጀርባ ብሩሽ

saabuun

ሳሙና

shaambo

የመታጠቢያ የሚዝለገለግ ሳሙና

shaambo

የፀጉር መታጠቢያ ሳሙና

cago-saar

ለስላሳ ጨርቅ

biyo-saare

ፍሳሽ

kareem

ክሬም

carfiso

ጠረን መቀየሪያ ንጥረ ነገር

muraayad

መስታወት

muraayad gacmeed

የእጅ መስታወት

sakiin

ምላጭ

xumbada xiirashada

የመላጫ አረፋ

daawo gar-xiir

ከመላጨት በኋላ የሚቀባ ሽቱ

shanlo

ማበጠሪያ

burush

ብሩሽ

fooneeye

የፀጉር ማድረቂያ

timo-buufis

በፀጉር ላይ የሚነፋ

waji-qurxiye

የፊት መቀባቢያ

rooseeto

የከንፈር ቀለም

cidiyo-nadiifiye

የጥፍር ቀለም

dun

የጥጥ ሱፍ

cidiyo-jar

ጥፍር መቁረጫ

baarafuun

ሽቶ

boorso-wajidhaq

....

ማጠቢያ ባልዲ

saxaro

....

መቀመጫ

miisaan culays

....

ሚዛን

dhar-qubeys

....

የመታጠቢያ ልብስ

gacma gashi cinjir

....

የላስቲክ ጓንት

tambooni

....

ሞዴስ

tiimshe

....

የፅዳት ፎጣ

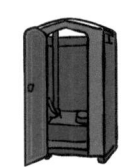

musqul kiimiko

....

የሽንት ቤት ኬሚካል

qolka ilmaha

የልጅ ክፍል

saacadda dhawaaqda
የማንቂያ ደዉል ሰዐት
boombale caruur
የህፃን አሻንጉሊት
baabuur caruureed
የመጫወቻ መኪና
sanqadh
ማንገጫገጫ
መጫወቻ
guriga caruusada
የአሻንጉሊት ቤት
hadiyad
ስጦታ

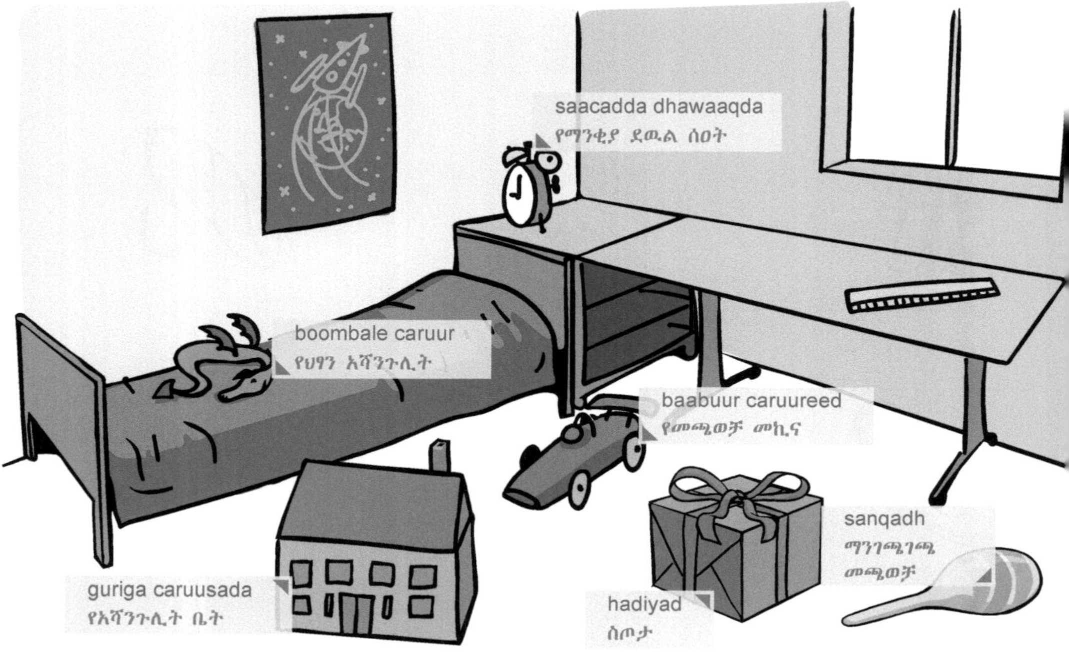

buufin

ፊኛ

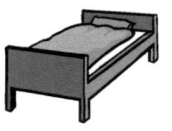

sariir

አልጋ

gaariga caruurta

የህፃን ማንሸራሸሪያ ጋሪ

turub

የካርታ መጫወቻ

miinshaar

ቁርጥራጭ ምስሎችን የማገጣጠም
እና ምስል የማግኘት ጨዋታ

maad

አዝናኝ

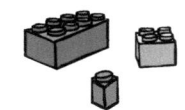

bulkeeti boombale ah

ተገጣጣሚ መጫወቻ

tooy

የመጫወቻ መገጣጠሚያዎች

sanam

የድርጊት ምስል

isku-jooga dhallaanka

የህፃን እድገት

aalad cayaar

የፕላስቲክ መጫወቻ ዝርግ ሰሀን

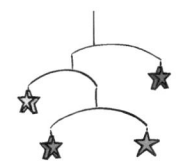

moobaayl

ተወዛዋዥ የህፃን ማጫወቻ

khamaar

የሰሌዳ ጨዋታ

laadhuu

የመጫወቻ ጠጠር

moodo tareen

የመጫወቻ ባቡር

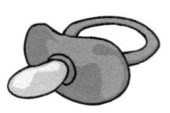

boombale

የእንጀራ እናት ጡጦ

xaflad

ድግስ

buug sawirro

የስዕል መፅሀፍ

kubbad

ኳስ

boombale

አሻንጉሊት

cayaar

መጫወት

dhoobo-dhoobeey

የአሸዋ መጫወቻ

wiifoow

ዥዋዥዌ

alaab-alaabeey

መጫወቻዎች

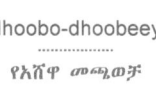

geemka gacanta laga hago

የቪዲዮ መጫወቻ

baaskiil

ባለ ሶስት ጎማ ብስክሌት

boombale

የአሻንጉሊት ድብ

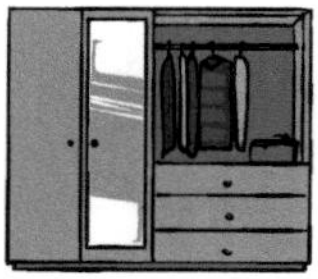

armaajo dhar

ቁምሳጥን

dhar

አልባሳት

sigisaan

ካልሲዎች

sigsaan haween

ስቶኪንጎች

surwaal-dhuuqsan

ታይት

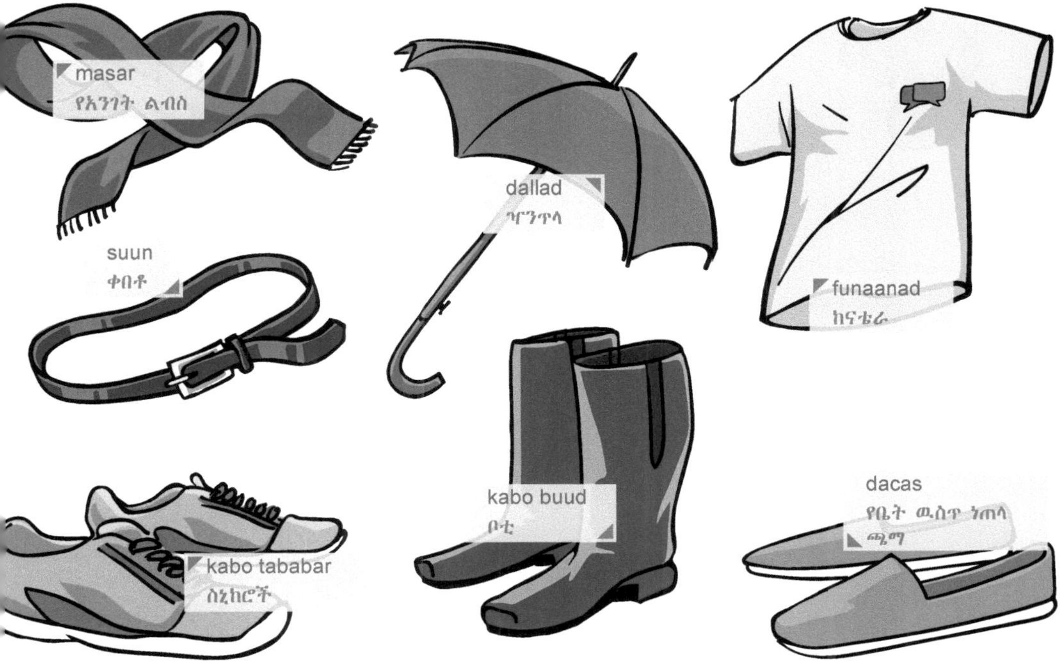

masar
የአንገት ልብስ

dallad
ዣንጥላ

funaanad
ከናቴራ

suun
ቀበቶ

kabo buud
ቡቲ

dacas
የቤት ዉስጥ ነጠላ ጫማ

kabo tababar
ስኒከሮች

saandalo

ነጠላ ጫማዎች

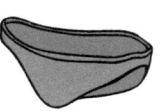

kabo

ጫማዎች

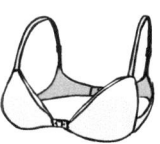

kabo roob

የዝናብ ቡትስ

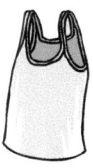

hoos-gashi

ሙታንታ

rajabeeto

ጡት መያዣ

garan

ሰደርያ

jir

ሰዉነት

surwaal

ሱሪዎች

surwaal jeenis

ጅንስ

goono

ጉርድ ቀሚስ

canbuur

ሸሚዝ

shaati

ሸሚዝ

funaanad-dhaxameed

የሚጠለቅ ሹራብ

garan dhaxameed

ሹራብ

jaakad fudud

ዩኒፎርም ጃኬት

jaakad

ጃኬት

koodh

ኮት

koodhka roobka

የዝናብ ኮት

dhar-munaasabadeed

ልብስ

labbis

ቀሚስ

lebbis aroos

የሙሽራ ቀሚስ

suut

ሱፍ

dhar-hurdo

የለሊት ልብስ

bajaamo

የለሊት ልብስ

saari

ረጅም ቀሚስ

masar

ሂጃብ

cimaamad

ጥምጣም

cabaayad

ቡርቃ

saako

ሸርጥ

cabaayad

አባያ

dharka-dabaasha

የዋና ልብስ

dabo-gaabyo

አጭር ቁምጣ

surwaal-dabagaab

ቁምጣዎች

taraak-suut

የስራ ቱታ

dufan-dhowr

ሸርጥ

gacmo gashi

ጓንት

galluus

ቁልፍ

ookiyaale

መነፅር

jijin

አምባር

silis

የአንገት ሀብል

faraati

ቀለበት

dhego dhego

የጆሮ ጌጥ

koofiyo

ኮፍያ

katabaan

የኮት መስቀያ

koofiyad

ኮፍያ

garabaati

ከረቫት

jiinyeer

ዚፕ

helmed

የብረት ቆብ

ilko-reeb

መደገፊያ

direes dugsi

የትምህርት ቤት የደንብ ልብስ

direes

የደንብ ልብስ

cayo-dhowr

መሃረብ

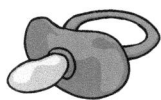

boombale

የእንጀራ እናት ጡጦ

maro-dufeed

ሽንት ጨርቅ

xafiis

ቢሮ

khad-bixiye
ማሰራጫ ጣቢያ
armaajo feylal
የፋይል መደርደሪያ ካቢኔ
daabace
የህትመት መሳሪያ
warqad
ወረቀት
shaashad
መቆጣጠሪያ
hage kombuyuutar
ማዉዝ
miis
መፃፊያ ጠረጴዛ
gal
ማህደር
teeb-kombuyuutar
የመፃፊ ቁልፎች
haan qashin-gur
የቆሻሻ ወረቀት መጣያ ቅርጫት
kombuyuutar
ኮምፒዉተር
kursi
ወንበር

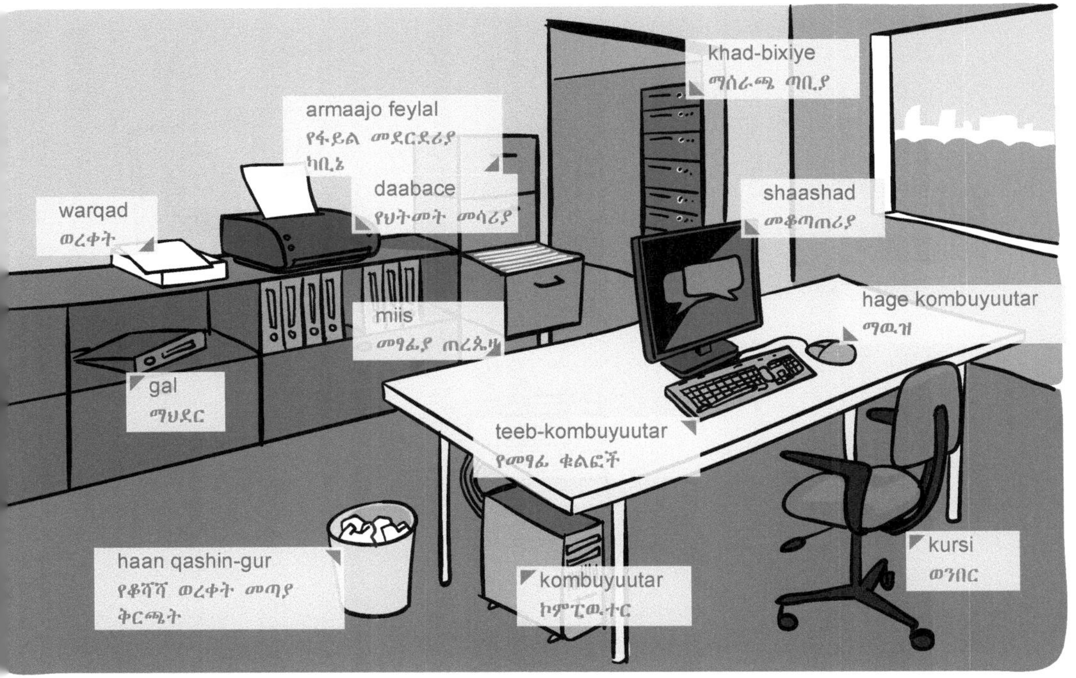

koob kafee

የቡና መጠጫ ትልቅ ኩባያ

kalkuleytar/xisaabiye

ማስልያ ማሽን

internet

ኢንተርኔት

laabtoob

ላፕቶፕ

bakhshad

ደብዳቤ

fariin

መልዕክት

moobaayl

ተንቀሳቃሽ ስልክ

shabakad-kombuyuutar

የግንኙነት አዉታር

footokoobi

ማባዣ ማሽን

barnaamij-kombuyuutar

ሶፍትዌር

telefoon

ስልክ

god koronto

የግድግዳ ሶኬት

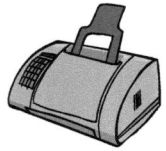

mishiinkan fax-ka

የፋክስ ማሽን

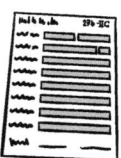

foomka

ቅፅ

dokumenti

ሰነድ

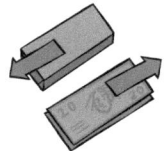

iibso

መግዛት

bixi

መክፈል

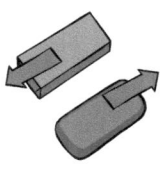

ganacso

መነገድ

lacag

ገንዘብ

doollar

ዶላር

yuuro

ዩሮ

yenka jabbaan

የን

robolka ruushka

ሩብል

Franka iswiiska

የስዊዝ ፍራንክ

lacagta shiinaha

ሬንሚንቢ. ዩዋን

rubiyada hindiga

ሩጲ.

maqal

የገንዘብ ነጥብ

xafiiska sarrifaka lacagaha

የዉጭ ገንዘብ ምንዛሪ ቢሮ

dahab

ወርቅ

qalin

ብር

shidaal

ዘይት

tamar

ሀይል፤ ጉልበት

qiime

ዋጋ

qandaraas

ግንኙነት

canshuur

ቀረጥ

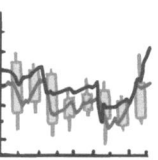

raasumaal

አክስዮን

shaqee

መስራት

shaqaale

ተቀጣሪ

shaqaaleysiiye

ቀጣሪ

warshad

ፋብሪካ

dukaan

ሱቅ

sarkaal booliis
የፖሊስ አዛዥ
dab-demiye
የእሳት አደጋ ሰራተኛ
cunto-kariye
ምግብ አብሳይ
dhakhtar
ዶክተር
duuliye
አብራሪ

beeralley

አትክልተኛ

nijaar

አናጢ

timo-qurxiso

ልብስ ሰፊ ሴት

qaaddi

ዳኛ

farmashiiste

ቀማሚ

jile

ተዋናይ

darawal bas

የአውቶቢስ ሹፌር

taksiile

የታክሲ ሹፌር

kalluumeyste

አሳ አጥማጅ

nadiifiso

ፅዳት ሰራተኛ

saqaf-dhise

የጣራ ሰራተኛ

kabalyeeri

አስተናጋጅ

ugaarsade

አዳኝ

rinjiile

ሰዓሊ

rooti-dube

ጋጋሪ

koronto-yaqaan

የኤሌትሪክ ሰራተኛ

dhise

ገምቢ

injineer

መሃንዲስ

kawaanle

ልኳንዳ

tuubbiiste

የቧንቧ ሰራተኛ

boostaale

የፖስታ ሰራተኛ

askari

ወታደር

injineer-dhismo

መሃንዲስ

qasnaji

የሒሳብ ሰራተኛ

ubax-yaqaan

አበባ ሻጭ

timo-jare

የፀጉር ሰራተኛ

kiro-uruuriye

ቲኬት ቆራጭ

makaanik

መካኒክ

kabtan

ካፒቴን

dhakhtar-ilko

የጥርስ ሐኪም

saaynisyahan

ተመራማሪ

wadaad yahuud

መምህር

imaam

የሙስሊም ሃይማኖታዊ መሪ

xerow

መነኩሴ

wadaad

ካህን

qalab

መሳሪያዎች

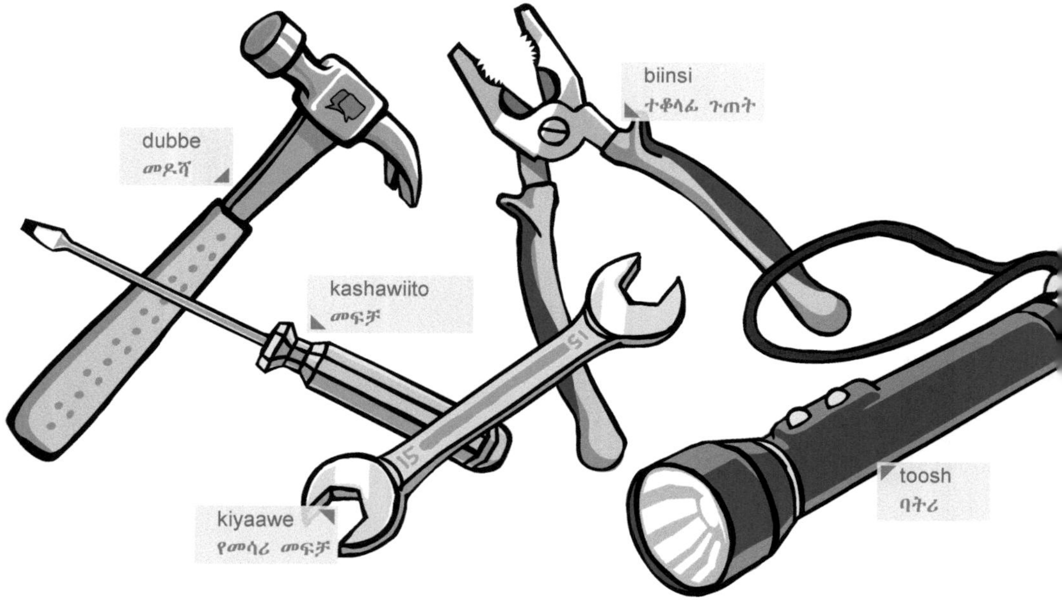

dubbe
መዶሻ
biinsi
ተቆላፊ ጉጠት
kashawiito
መፍቻ
kiyaawe
የመሳሪ መፍቻ
toosh
ባትሪ

dhul-qoddo

በቁፋሮ የሚዝቅ

qalab-xajiye

የመፍቻ ሳጥን

jaraanjaro

መሰላል

miinshaar

መጋዝ

musbaarro

ምስማር

dalooliye

መሰርሰሪያ

dayactir

መጠገን

badiil

አካፋ

inkaar kugu dhacday!

የተረገመ!

bus-xaabiye

ቆሻሻ ማፈሻ

gasacad rinji

የቀለም ቆርቆሮ

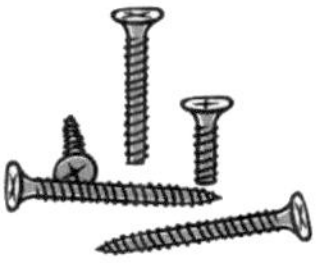

boolal

ብሎን

qalab muusiko
የሙዚቃ መሳሪያዎች

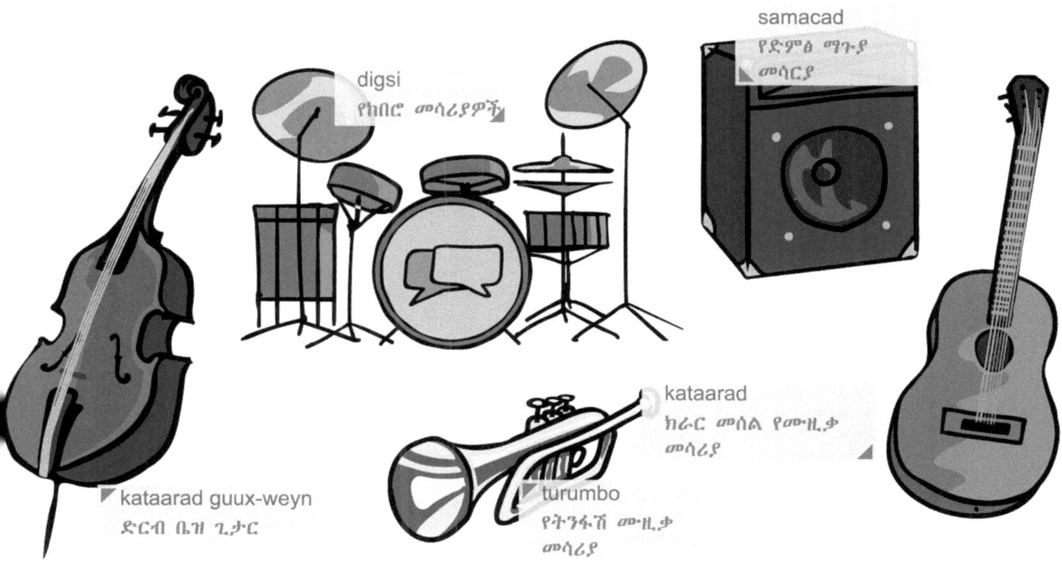

samacad
የድምፅ ማጉያ
መሳርያ

digsi
የከበሮ መሳሪያዎች

kataarad
ክራር መሰል የሙዚቃ
መሳሪያ

kataarad guux-weyn
ድርብ ቤዝ ጊታር

turumbo
የትንፋሽ ሙዚቃ
መሳሪያ

biyaano

ፒያኖ

fiyooliin

ቫዮሊን

karaarad guux-dheer

ወፍራም፣ ጎርናና ድምፅ ያለዉ ክራር መሰል ሙዚቃ መሳሪያ

durbaan-sheegagle

ነጋሪት

durbaan

ከበሮ

loox-xarfeed-biyaano

በኤሌክትሪክ የሚሰራ ፒኖ

turumbo

የትንፋሽ ሙዚቃ መሳሪያ

siin-baar

ዋሽንት

makarafoon

የድምፅ ማጉያ

qalab muusiko - *የሙዚቃ መሳሪያዎች*

beer-xayawaan

የዱር እንስሳት ማቆያ

irrid
መግቢያ
shabeel
ነብር
qafis
ሳጥን
dameer-farow
የሜዳ አህያ

xayawaan

እንስሳቶች

maroodi

ዝሆን

kaangaruu

ካንጋሮ

wiyil

አዉራሪስ

goriille

ትልቅ ዝንጀሮ

oorso

ድብ

geel

ግመል

gorayo

ሰጎን

libaax

አንበሳ

daanyeer

ጦጣ

xiita-luga-dheer

ቅልጥመ ረዥም ወፍ

baqbaqaa

በቀቀን

oorso baraf-ku-nool

የወዋልታ ድብ

shimbir baraf

የዋልታ ወፎች

libaax-badeed

ረጅም ጥርሶች ያሉትአሳ ነባሪ

daa'uus

ጣዎስ

mas

እባብ

yaxaas

አዞ

beer-xayawaan ilaaliye

የዱር አራዊት የሚጠበቁበት ማቆያን የሚጠብቅ

bahal kalluun-cun

አሳ በሊታ የባህር እንስሳ

shabeel-u-eke

የዱር ድመት

60 beer-xayawaan - የደር እንስሳት ማቆያ

dhal faras

ድንክ ፈረስ

harmacad

ነብር

jeer

ጉማሬ

geri

ቀጭኔ

gorgor

ንስር

doofaar-jilibeey

ከርከሮ

kalluun

አሳ

qubo

የባህር ኤሊ

maroodi-badeed

የባህር አውሬ

dawaco

ቀበሮ

deero

የሜዳ ፍየል፤ ሚዳቋ

isboortiga

የስፖርት አይነቶች

kubadda-cagta maraykanka
የአሜሪካ እግርኳስ
tartanka bashkuleetiga
የብስክሌት ስፖርት
kubbadda miiska
ቴኒስ
kubbadda koleyga
የቅርጫት ኳስ
dabaal
ዋና
cayaarta feerka
የቡጢ ስፖርት
hookiga barafka lagu dhe
የበረዶ ላይ የገና ጨዋታ

kubadda cagta

እግር ኳስ

baadminton

የላበ ኳስ ጨዋታ

ciyaaraha fudud

አትሌቲክስ

kubadda gacanta

የእጅ ኳስ ስፖርት

iskii/ciyaarta barafka

የበረዶ መንሸራተት ስፖርት

cayaar-faras

ፈረስ ግልቢያ

እንቅስቃሴዎች

boodid
መዝለል
hab-siin
ማቀፍ
qosol
መሳቅ
soco
መራመድ
hees
መዘመር
riyo
ህልም ማለም
duceyso
መፀለይ
dhunkasho
መሳም

qorraxeed

መፃፍ

masawirid

መሳል

muuji

ማሳየት

riix

መግፋት

sii

መስጠት

qaado

መዉሰድ

haysasho

መያዝ

samee

ማድረግ

ahaansho

መሆን

istaag

መቆም

orod

መሮጥ

jiid

መሳብ

tuur

መወርወር

dhicid

መዉደቅ

been-sheegid

መዋሸት

sug

መጠበቅ

qaad

መሸከም

fariiso

መቀመጥ

labiso

መልበስ

seexo

መተኛት

toos

መንቃት

fiiri

መመልከት

ooy

ማልቀስ

dhuftay

መጫር

shanleyso

ማበጠር

hadal

ማውራት

faham

መረዳት

weydii

ጥያቄ

dhageysasho

ማዳመጥ

cab

መጠጣት

cun

መብላት

habee

ማንፃት

jacayl

ማፍቀር

kari

ምግብ ማብሰል

kaxee

መንዳት

duulid

መብረር

shiraaco

መርከብ መንዳት

xisaabi

ቁጥሮችን ማስላት

akhri

ማንበብ

barasho

መማር

shaqee

መስራት

guurso

ማግባት

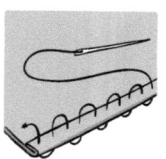

tol

መስፋት

cadayso

ጥርስ መቦረሽ

dilid

መግደል

sigaar cab

ማጨስ

dir

መላክ

ayeeyo
የሴት አያት

awoowe
የወንድ አያት

aabbe
አባት

hooyo
እናት

ilmo
ህፃን

gabar
ሴት ልጅ

wiil
ወንድ ልጅ

marti

እንግዳ

eeddo

አክስት

adeer

አጎት

walaal rag

ወንድም

walaal dumar

እህት

jir

አካል

fool
ግንባር
il
አይን
garab
far
ጣት
weji
ፊት
gar
አገጭ
gacan
እጅ
naas
ጡት
lug
እግር
cudud
ክንድ

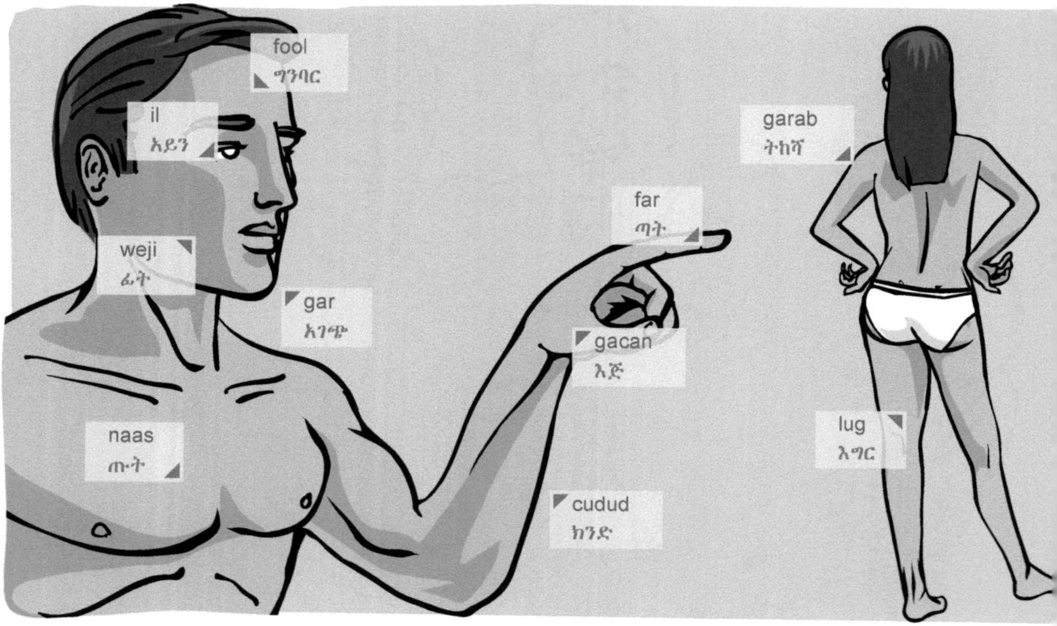

ilmo

ህፃን

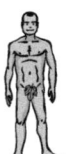

nin

ሰዉ

naag

ሴት

gabar

ልጃገረድ

wiil

ወንድ ልጅ

madax

ራስ

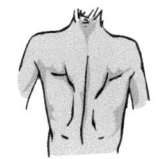

dhabar

ጀርባ

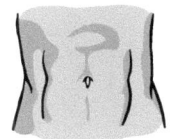

calool

ሆድ

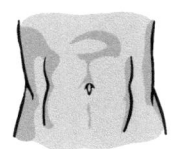

xuddun

እምብርት

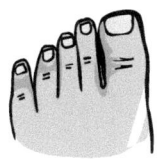

suul

የእግር ጣት

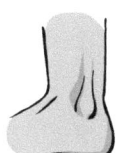

cirib

ተረከዝ

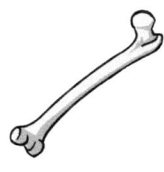

laf

አጥንት

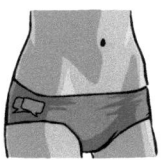

sin

ዳሌ

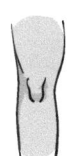

jilib

ጉልበት

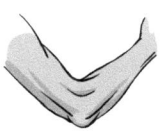

xusul

ክርን

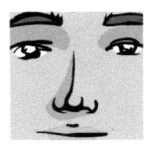

san

አፍንጫ

bari

ቂጥ

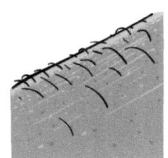

maqaar

ቆዳ

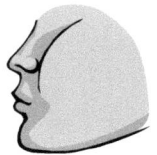

dhafoor

ጉንጭ

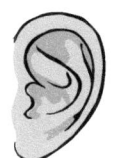

dheg

ጆሮ

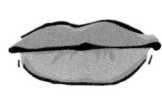

bishin

ከንፈር

af

አፍ

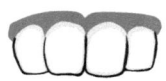

ilig

ጥርስ

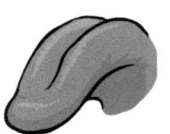

carrab

ምላስ

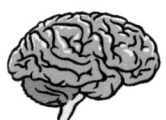

maskax

አንጎል

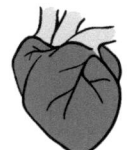

wadno

ልብ

muruq

ጡንቻ

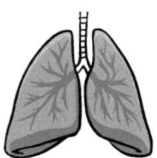

sambab

ሳምባ

beer

ጉበት

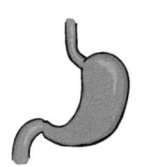

uur kujirta caloosha

ሆድ

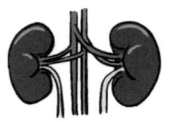

kelyo

ኩላሊቶች

galmo

የግብረስጋ ግንኙነት

cinjir-galmo

ኮንዶም

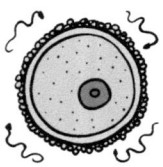

ugxan

የሴት እንቁላል

shahwo

የዘር ፈሳሽ

uur

እርግዝና

jir - አካል

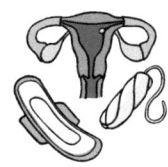

caado

የወር አበባ

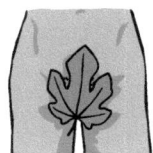

siil

እምስ

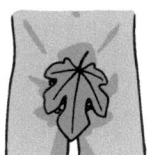

gus

ቁላ

suni

ቅንድብ

timo

ፀጉር

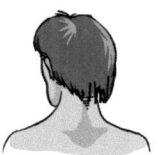

qoor

አንገት

isbitaal

ሆስፒታል

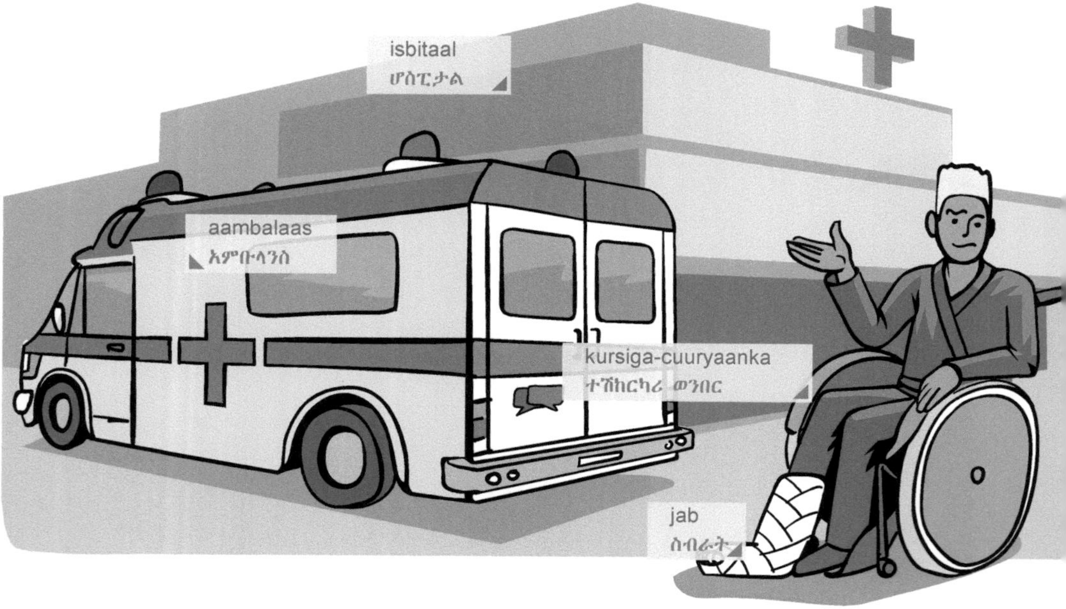

isbitaal
ሆስፒታል
aambalaas
አምቡላንስ
kursiga-cuuryaanka
ተሽከርካሪ ወንበር
jab
ስብራት

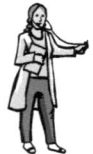

dhakhtar

ዶክተር

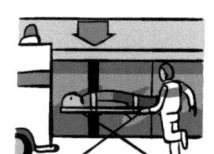

qolka xaaladaha-degdega ah

ድንገተኛ ክፍል

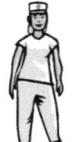

kalkaaliye

ነርስ

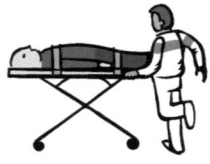

xaalad deg-deg ah

ድንገተኛ

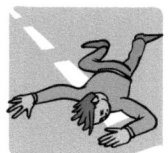

miyir-beelsan

ራስን መሳት/ አለማወቅ

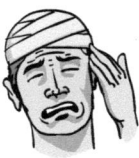

xanuun

ህመም

dhaawac

ጉዳት

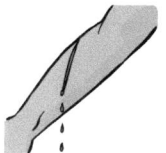

dhiig-bax

መድማት

wadno-xanuun

የልብ ድካም

qallal

ስትሮክ

xasaasiyad

አለርጂ

qufac

ሳል

qandho

ትኩሳት

hargab

ኢንፍሉዌንዛ

shuban

ተቅማጥ

madax-xanuun

የራስ ምታት

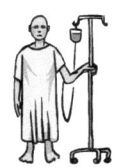

kansar

ካንሰር

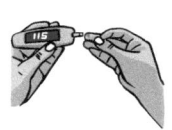

cudurka sokoroow

የስኳር በሽታ

dhakhtarka-qalliinka

ቀዶ ጠጋኝ ሐኪም

mindida qalliinka

የቀዶ ጥገና ስለት

qalliin

ቀዶ ጥገና

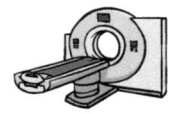

iskaan

ሲቲ

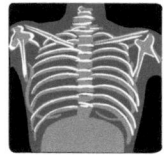

raajo

ኤክስሬዮ

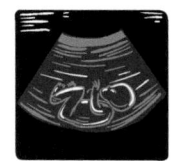

dhawaaq-xawaareed

አልትራሳዉንድ

maaskaro

የፊት ጭምብል

cudur sokoroow

በሽታ

qolka sugitaanka

መጠበቂያ ክፍል

ul lagu boodo

ምርኩዝ

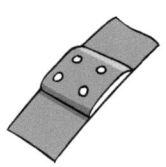

kab

የቁስል ማሸጊያ

faashato

ፋሻ

duris

መርፌ

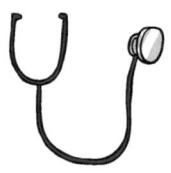

wadne-dhegeyeste

የልብ ምት ማዳመጫ መሳሪያ

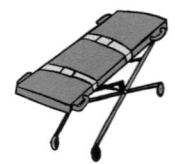

balankiino

የበሽተኛ አልጋ

heer-kul-beega qandhada

የህክምና ሙቀት መለኪያ መሳሪያ

dhalasho

መውለድ

aad-u-cayilan

ከልክ ያለፈ ክብደት

maqal-caawiye

ለመስማት የሚረዳ መሳሪያ

jeermis-dile

ፀረ ተባይ መድሀኒት

caabuq

ማመርቀዝ

feyras

ቫይረስ

AYDHIS/HIV

ኤች አይቪ ኤድስ

daawo

ህክምና

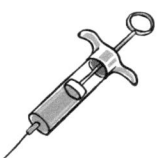

tallaal

ክትባት

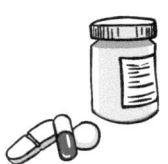

kaniiniyo

ኪኒን

kaniin

ኪኒን

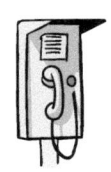

wicitaan deg-deg ah

አስቸኳይ የስልክ ጥሪ

cabbiraha dhiig-karka

ደም ግፊት መቆጣጠሪያ

xanuunsan / caafimaadsan

ህመም/ ጤንነት

xaalad deg-deg ah

ድንገተኛ

i caawiya!

እርዳታ!

sawaxan

ማንቂያ ደዉል

weerar-kadisa ah

ጥቃት

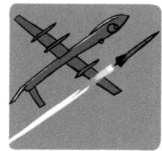

weerar

ድብደባ

khatar

አደጋ

irridda bixida xaalad-deg-deg

የድንገተኛ መዉጫ

dab!

እሳት!

dab demiye

እሳት ማጥፊያ

shil

አደጋ

saduuqa xaalada-degdega ah

የመጀመሪያ እርዳታ መድሃኒት መያዣ

codsi badbaado

ነፍስ አድን

booliis

ፖሊስ

dhul

ምድር

Yurub

አዉሮፓ

woqooyiga ameerika

ሰሜን አሜሪካ

koonfurta ameerika

ደቡብ አሜሪካ

Afrika

አፍሪካ

Aasiya

እስያ

Oostareeliya

አዉስትራሊያ

Atlaantik

አትላንቲክ

Pacific

ፓስፊክ

Bad-waynta hindiya

የህንድ ዉቅያኖስ

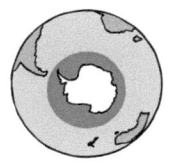

Bad-waynta antarctica

አንታርክቲክ ዉቅያኖስ

Bad-waynta arctic

አርክቲክ ዉቅያኖስ

cirifka waqooyi

ሰሜን ዋልታ

cirifka koonfureed

ደቡብ ዋልታ

Antarctica

አንታርክቲካ

dhul

ምድር

dhul

መሬት

bad

ባህር

jasiirad

ደሴት

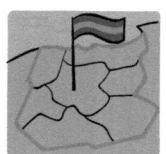

waddan

አገርና ህዝብ

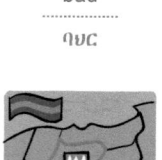

gobol

መንግስት

saacad
ሰዓት

wajiga saacadda

የሰዓት ገፅታ

gacanka saacada

ሰዓት

gacanka daqiiqada

ደቂቃ

gacanka ilbiriqsiga

ሴኮንድ

waa intee saac?

ስንት ሰዓት ነው?

maalin

ቀን

wakhti

ጊዜ

hadda

አሁን

saacadda jiifarrada

የቁጥር ሰዐት

daqiiqad

ደቂቃ

saacad

ሰዓታት

toddobaad

ሳምንት

Isniin
ሰኞ
MO
Talaado
ማክሰኞ
TU
Arbaca
ረቡዕ
W
Khamiis
ሐሙስ
TH
Jimco
FR
Sabti
ቅዳሜ
SA
Axad
እሁድ
SO

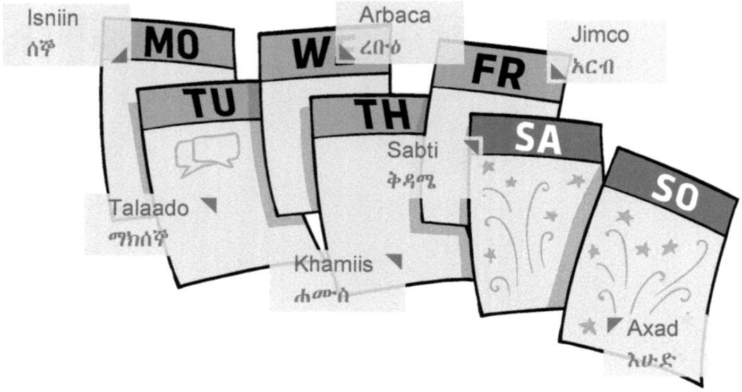

shalay
ትላንት

maanta
ዛሬ

berri
ነገ

subax
ማለዳ

duhur
ቀትር

casir
ምሽት

maalmaha shaqo
የስራ ቀናት

dabayaaqada usbuuca
የዕረፍት ቀናት

sanad

ዓመት

roob
ዝናብ
qaanso-roobaad
ቀስተ ዳመና
roob-baraf
ጥጥ የሚመስል አመዳይ
በረዶ
gu'
ፀደይ
xagaa
በጋ
deyr
መኸር
jiilaal
ክረምት

4.APRIL 11°
5.APRIL 4°
6.APRIL 13°
7.APRIL 8°
8.APRIL 10°

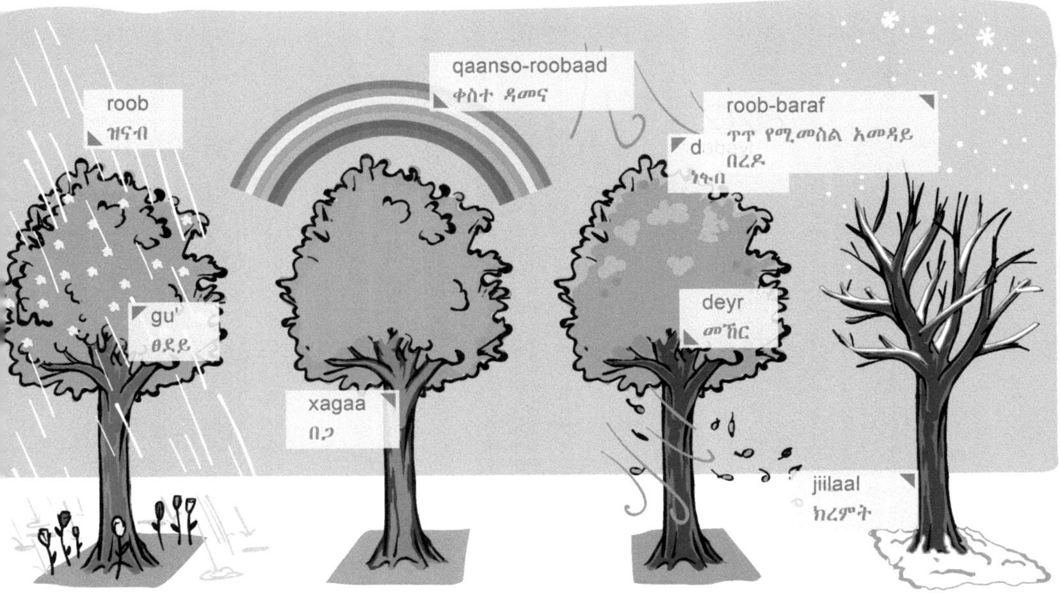

saadaal hawo

....

የአየር ሁኔታ ትንበያ

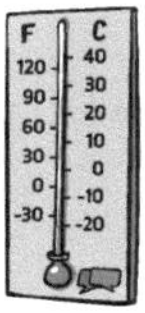

heer-kul baare

....

የሙቀት መለኪያ

qorraxeed

....

የፀሀይ ሙቀት

daruur

....

ደመና

ceeryaamo

....

ጭጋግ

huur

....

እርጥበታማነት

jac

መብረቅ

onkod

ነጎድጓድ

duufaan

አዉሎ ንፋስ

roob-baraf

የበረዶ ዝናብ

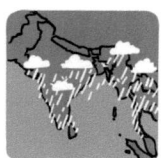

maansuun

አዉሎ ንፋስ

daad

ጎርፍ

baraf

በረዶ

Jannaayo

ጥር

Febraayo

የካቲት

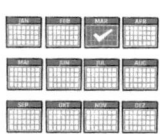

Maarso

መጋቢት

Abriil

ሚያዚያ

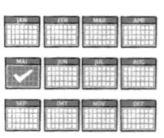

Mey

ግንቦት

Juun

ሰኔ

Luulyo

ሐምሌ

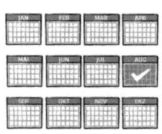

Agoosto

ነሀሴ

Sebteember

መስከረም

Oktoobar

ጥቅምት

Nofeember

ህዳር

Diseember

ታህሳስ

qaababka

ቅርፆች

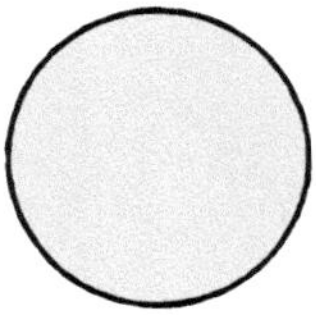

goobaabo

ክብ

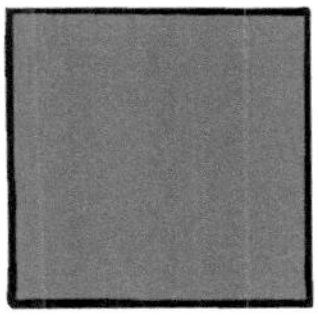

afar-gees

አራት ማዕዘን

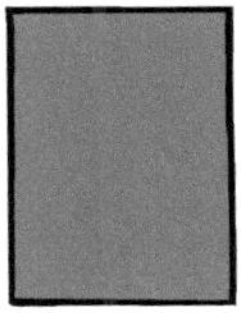

leydi

አራት ቀጥተኛ ማዕዘኖች ጎኖች ያሉት ቅርፅ

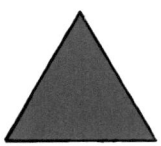

saddex-xagal

ሶስት ማዕዘን

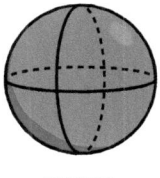

wareeg

ሉል

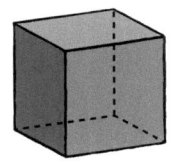

bokis

ስድስት ጎን ያለዉ ቅርፅ

midabbo

ለማት

caddaan

ነጭ

hurdi

ቢጫ

oranji

ብርቱካናማ

guduud-khafiif

ሮዝ

casaan

ቀይ

carwaajis

ወይን ጠጅ

bluug

ሰማያዊ

cagaar

አረንጓዴ

boroon

ቡኒ

cawl

ግራጫ

madow

ጥቁር

badan / yar

ብዙ/ ጥቂት

caro / daganaan

ንዴት/ እርጋታ

qurxoon / foolxun

ቆንጆ/ አስቀያሚ

billow / dhammaad

ጅማሬ/ ፍፃሜ

yar / weyn

ትልቅ/ ትንሽ

iftiin / mugdi

ደማቅ/ ደብዛዛ

walaalkaa / walaashaa

ወንድም/ እህት

nadiif / wasakhaysan

ንፁህ/ ቆሻሻ

buuxa / dhantaalan

የተሟላ/ ያልተሟላ

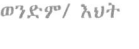

maalin / habeen

ቀን/ ምሽት

dhintay / nool

የሞተ/ ህያዉ

ballaaran / ciriiri ah

ሰፊ/ ጠባብ

la cuni karo / aan la cuni karin

የሚበላ/ የማይበላ

arxan-daran / naxariis-badan

ክፉ/ ደግ

faraxsan / caajisan

ደስተኛ/ ድብርተኛ

buuran / caateysan

ወፍራም/ ቀጭን

ugu horeeya / ugu dambeeya

መጀመርያ/ መጨረሻ

saaxiib / cadaw

ጓደኛ/ ጠላት

maran / buuxa.

ሙሉ/ ጎዶሎ

adag / jilicsan

ጠንካራ/ ለስላሳ

culus / fudud

ከባድ/ ቀላል

gaajo / oon

ረሃብ/ ጥማት

xanuunsan / caafimaadsan

ህመም/ ጤንነት

sharci-darro / sharci

ህገወጥ/ ህጋዊ

caaqil / dabbaal

ጎበዝ/ ደደብ

bidix / midig

ግራ/ ቀኝ

dhow / fog

ቅርብ/ ሩቅ

cusub / duug

አዲስ/ አሮጌ

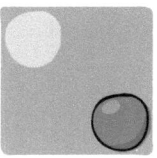

waxba / wax

ምንም/ የሆነ ነገር

da' / dhalinyar

ሽማግሌ/ ወጣት

daaris / damin

የበራ/ የጠፋ

furan / xiran

ክፍት/ ዝግ

aamusnaan / cod-dheer

ፀጥታ/ ጫጫታ

taajir / sabool

ሃብታም/ ደሃ

sax / khalad

ትክክለኛ/ የተሳሳተ

jilif leh / sabiibax

ሻካራ/ ለስላሳ

murugsan / faraxsan

ሐዘን/ ደስታ

gaaban / dheer

አጭር/ ረዥም

tartiib / dhaqsi

ዝግተኛ/ ፈጣን

qoyaan / qalleyl

እርጥብ/ ደረቅ

qandac / qabow

ሞቃት/ ቀዝቃዛ

dagaal / nabad

ጦርነት/ ሰላም

lambarro

ቁጥሮች

0	eber	ዜሮ
1	kow	አንድ
2	laba	ሁለት
3	saddex	ሶስት
4	afar	አራት
5	shan	አምስት
6	lix	ስድስት
7	toddoba	ሰባት
8	sideed	ስምንት
9	sagaal	ዘጠኝ
10	toban	አስር
11	kow iyo toban	አስራ አንድ

12

laba iyo toban

አስራ ሁለት

13

sadex iyo toban

አስራ ሶስት

14

afar iyo toban

አስራ አራት

15

shan iyo toban

አስራ አምስት

16

lix iyo toban

አስራ ስድስት

17

todoba iyo toban

አስራ ሰባት

18

sideed iyo toban

አስራ ሰስምንት

19

sagaal iyo toban

አስራ ዘጠኝ

20

labaatan

ሃያ

100

boqol

መቶ

1.000

kun

ሺህ

1.000.000

malyuun

ሚሊዮን

luuqado
ቋንቋዎች

Af ingiriis

እንግሊዝኛ

Ingiriiska Mareykanka

የአሜሪካ እንግሊዝኛ

Mandariinka Shiinaha

የቻይና ማንዳሪን

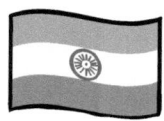

Hindi

ሂንዱ

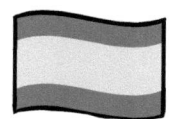

Boortaqiis

ስፓኒሽ

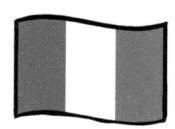

Faransiis

ፍሬንች

Carabi

አረብኛ

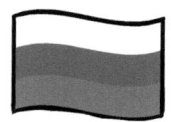

Ruush

ራሺያኛ

Boortaqiis

ፖርቱጊዝ

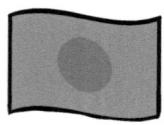

Bengaali

ቤንጋሊ

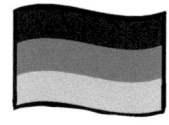

Jarmal

ጀርመን

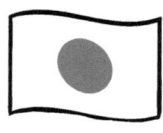

Jabaaniis

ጃፓንኛ

aniga

እኔ

adiga

አንተ

asaga / ayada

እሱ/ እርሷ/ እቃዉ

annaga

እኛ

idinka

አንተ

ayaga

እነርሱ

kee?

ማን?

maxay?

ምን?

sidee?

እንዴት?

xagee?

የት?

goorma?

መቼ?

magac

ስም

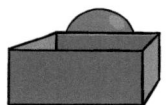

xaggee

የት

gadaal

በስተጀርባ

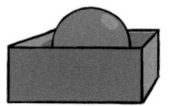

gudaha

ዉስጥ

horta

ከፊት ለፊት

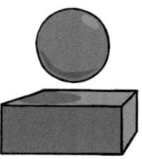

ka sare

ከላይ

dusha

ላይ

ka hooseeya

ከስር

dhinac

አጠገብ

u dhexeeya

መሃከል

meel

ቦታ